HISTORIETAS JUVENILES: MITOLOGÍAS ™

MITOLOGÍA AFRICANA

Anansi

Glenn Herdling

Traducción al español:
José María Obregón

PowerKiDS press & Editorial Buenas Letras ™
New York

Published in 2009 by The Rosen Publishing Group, Inc.
29 East 21st Street, New York, NY 10010

First Edition

Editors: Daryl Heller and Julia Wong
Spanish Edition Editor: Mauricio Velázquez de León
Book Design: Greg Tucker
Illustrations: Q2A

Library of Congress Cataloging-in-Publication Data

Herdling, Glenn.
  Mitología Africana : Anansi / Glenn Herdling ; traducción al español, José María Obregón. – 1st ed.
      p. cm. – (Historietas juveniles. Mitologías)
  Includes index.
  ISBN 978-1-4358-3324-1 (pbk.) – ISBN 978-1-4358-3325-8 (6-pack)
  1. Anansi (Legendary character)–Legends. 2. Tales–Africa. 3. Mythology, African. I. Title.
  GR75.A64A43 2009
  398.20966'0454–dc22
                                                    2008054173

Manufactured in the United States of America

CONTENIDO

PERSONAJES PRINCIPALES

Kwaku Anansi *fue la primera araña. Anansi era muy listo y podía engañar a otros animales. Anansi estaba casado con la señora Anansi. Anansi creó el Sol, la Luna y las estrellas. Además les enseñó agricultura a los humanos.*

Nyame *(NYAH-meh) era el dios del cielo. Nyame era el padre de Anansi. Además, Nyame era el dueño de todas las historias en el mundo hasta que Anansi se las ganó.*

Onini *era una pitón, o serpiente muy grande. Las pitones viven en África, Asia y Australia. Algunas pitones pueden crecer hasta 10 pies (3 m) de largo. Onini fue uno de los animales capturados por Anansi.*

Osebo *era un leopardo. Los leopardos viven en África y Asia. Los leopardos suelen dormir de día y cazar por la noche. Osebo fue uno de los animales capturados por Anansi.*

ANANSI

KWAKU ANANSI, FUE LA PRIMERA ARAÑA.
ANANSI VIVIÓ HACE MUCHOS AÑOS EN ÁFRICA.

CON FRECUENCIA, ANANSI VIAJABA ALREDEDOR DEL MUNDO EN SU TELARAÑA.

EN AQUELLOS DÍAS NO HABÍA HISTORIAS QUE CONTAR. NYAME, EL DIOS DEL CIELO, GUARDABA LAS HISTORIAS EN UNA CAJA.

ANANSI QUERÍA LAS HISTORIAS DEL MUNDO PORQUE QUERÍA CONOCER EL INICIO Y EL FINAL DE TODAS LAS COSAS.

ANANSI DECIDIÓ VISITAR EL **REINO** DE NYAME POR ENCIMA DE LAS NUBES.

ANANSI LE PREGUNTÓ AL DIOS DEL CIELO SI PODÍA COMPRAR LAS HISTORIAS DEL MUNDO.

YO PUEDO HACERLO. ¿CUÁL ES EL PRECIO?

MUCHOS RICOS Y PODEROSOS HAN TRATADO DE COMPRAR MIS HISTORIAS, PERO NO PUDIERON PAGAR EL PRECIO.

NYAME DIJO QUE EL PRECIO ERA CAPTURAR TRES CRIATURAS: MMOBORO, LOS **AVISPONES**, ONINI, LA HAMBRIENTA PITÓN Y OSEBO, EL LEOPARDO.

TRAE ESTAS BESTIAS CON VIDA Y TE DARÉ LAS HISTORIAS.

TE LAS TRAERÉ EN TRES DÍAS, GRAN SEÑOR.

SERÉ PEQUEÑO PERO CONOZCO LOS PUNTOS DÉBILES DE LOS ANIMALES.

ANANSI TOMÓ UNA CALABAZA DE SU HUERTA. ANANSI HIZO UN PEQUEÑO HOYO EN ELLA.

ANANSI LLEVÓ LA CALABAZA Y UN TAZÓN CON AGUA AL BOSQUE HASTA QUE ENCONTRÓ A LOS AVISPONES.

ANANSI SE ROCIÓ A SÍ MISMO CON EL AGUA.

LUEGO, ROCIÓ EL RESTO DEL AGUA EN LOS AVISPONES.

¿QUÉ LES PASA? ¿POR QUÉ SE QUEDAN BAJO LA LLUVIA?

¿A DÓNDE PODEMOS IR?

DENTRO DE MI CALABAZA VACÍA NO SE MOJARÁN.

¡DE VERDAD QUE SON UNAS CRIATURAS MUY TONTAS!

ANANSI REGRESÓ AL REINO DEL DIOS DEL CIELO CON SU PREMIO.

AQUÍ ESTÁN LOS AVISPONES MMOBORO.

AÚN TE FALTAN DOS COSAS MÁS.

AL DÍA SIGUIENTE ANANSI SE PREPARÓ PARA EL SEGUNDO RETO. ANANSI CORTÓ UN LARGO TROZO DE **BAMBÚ** Y ALGUNAS RAMAS.

MI ESPOSA ESTÁ EQUIVOCADA. ELLA DICE QUE ÉL ES MÁS PEQUEÑO Y DÉBIL. YO DIGO QUE ES MÁS LARGO Y MÁS FUERTE.

¿DE QUÉ HABLAS, ANANSI?

ANANSI ENCONTRÓ LAS HUELLAS DE OSEBO, EL LEOPARDO. ANANSI HIZO UN HOYO CERCA DEL PASO DE OSEBO.

ANANSI CUBRIÓ EL HOYO CON RAMAS, HOJAS Y TIERRA PARA QUE OSEBO NO LO VIERA.

AL ACABAR LA TRAMPA, ANANSI SE FUE A DESCANSAR. PRONTO, OSEBO LLEGÓ MERODEANDO EN BUSCA DE COMIDA.

AL DÍA SIGUIENTE, ANANSI REGRESÓ AL HOYO.

ANANSI, CAÍ EN UNA TRAMPA. ¡AYÚDAME POR FAVOR!

SI TE AYUDO ME COMERÁS.

NO TE COMERÉ. LO PROMETO

ANANSI Y SU ESPOSA ESTABAN FELICES DE LEER LAS HISTORIAS.

HOY, LAS TELARAÑAS DE ANANSI SON UNA **PRUEBA** DE QUE LA ARAÑA SIGUE HILANDO HISTORIAS PARA COMPARTIR CON NOSOTROS.

FIN

ÁRBOL GENEALÓGICO

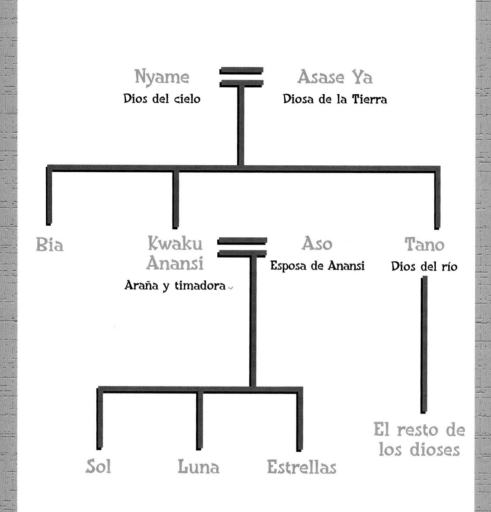

Nyame
Dios del cielo

Asase Ya
Diosa de la Tierra

Bia

Kwaku Anansi
Araña y timadora

Aso
Esposa de Anansi

Tano
Dios del río

Sol

Luna

Estrellas

El resto de los dioses

GLOSARIO

avispones (los) Insectos grandes y voladores con un aguijón.

bambú (el) Un grueso pasto con ramas huecas que se usa para construir cabañas y muebles.

estirarse Hacerse algo más largo.

guerreros (los) Personas que pelean en las guerras.

liana (la) Planta de tallo largo y delgado.

merodear Andar por los alrededores de un lugar.

prisonero, a (el/la) Una persona o animal que ha perdido su libertad.

prueba (la) Algo que demuestra que algo es verdad.

reino (el) Un área dominada por un rey.

ÍNDICE

PÁGINAS EN INTERNET

Debido a los constantes cambios en los enlaces de Internet,
Rosen Publishing Group, Inc. mantiene una lista de sitios en la red
relacionados con el tema de este libro. Esta lista se actualiza
regularmente y puede ser consultada en el siguiente enlace:

www.powerkidslinks.com/myth/anansi/